BEI GRIN MACHT SICH IHR WISSEN BEZAHLT

AF153686

- Wir veröffentlichen Ihre Hausarbeit,
  Bachelor- und Masterarbeit

- Ihr eigenes eBook und Buch -
  weltweit in allen wichtigen Shops

- Verdienen Sie an jedem Verkauf

Jetzt bei www.GRIN.com hochladen und kostenlos publizieren

Maximilian Mergl

Die Deutsche Sprache. Einführung in die Ortographie, die Semantik, den Schrifterwerb, die Grammatik und die Sprachreflexion

Eine Prüfungsvorbereitung

GRIN Verlag

Bibliografische Information der Deutschen Nationalbibliothek:

Die Deutsche Bibliothek verzeichnet diese Publikation in der Deutschen National-
bibliografie; detaillierte bibliografische Daten sind im Internet über http://dnb.d-
nb.de/ abrufbar.

Impressum:

Copyright © 2012 GRIN Verlag GmbH
Druck und Bindung: Books on Demand GmbH, Norderstedt Germany
ISBN: 978-3-656-95794-2

Dieses Buch bei GRIN:

http://www.grin.com/de/e-book/299079/die-deutsche-sprache-einfuehrung-in-die-
ortographie-die-semantik-den

Deutsch Sprache

PRÜFUNGSVORBEREITUNG

Sommersemester 2012

Maximilian Mergl

Inhaltsverzeichnis

1. Mündlichkeit und Schriftlichkeit

1.1. Konzeptionell vs Medial

		Konzeptionell wissenschaftlich		Was sind **Merkmale konzeptioneller Mündlichkeit /Schriftlichkeit?**
		mündlich	schriftlich	
Medial umgangssprachlich	mündlic		*Wissenschaftlicher Vortrag*	
		SMS Chat Zettel Postkarte	*EU-Verodnung Gesetze*	
	schriftlich			

Was sind Merkmale konzeptioneller Mündlichkeit /Schriftlichkeit?

Die Konzeption von Äußerungen definiert sich durch die gewählte Ausdrucksweise. Sie variiert in einem Kontinuum, wobei konzeptionelle Mündlichkeit und Schriftlichkeit dessen Endpunkte darstellen.
Konzeptionelle Mündlichkeit äußert sich durch geringe, Schriftlichkeit durch größere:

- Informationsdichte
- Kompaktheit
- Integration
- Komplexität
- Elaboriertheit
- Planung

Was sind prototypische Merkmale gesprochener Sprache?
01. Die gesprochene Sprache ist flüchtig.
02. Gesprochene Sprache unterliegt den Bedingungen von Zeit und Raum.
03. Kommunikation in gesprochener Sprache verläuft synchron. Die Gesprächspartner haben die Möglichkeit der Interaktion
04. Deshalb werden in der gesprochenen Sprache deiktische Ausdrücke verwendet, die unmittelbar auf die Äußerungssituation Bezug nehmen.
05. Die gesprochene Sprache tritt in Verbindung mit weiteren Informationsträgern wie Gestik und Mimik auf.
06. Die gesprochene Sprache ist phylogenetisch und ontogenetisch primär, das heißt sie geht der

geschriebenen in der Menschheitsgeschichte und bei der Entwicklung eines jeden Individuums(Spracherwerb) voran.
Ausnahme: Gehörlose.
07. Sie ist nicht an Körper-Externe Werkzeuge/Hilfsmittel gebunden.
08. Gesprochene Sprache ist häufig gekennzeichnet durch fehlerhaften Satzbau, Flexionsbrüche, Dialektismen, usw.
09. Die gesprochene Sprache erstreckt sich als Lautkontinuum in der Zeit.
10. Sie ist dialogisch ausgerichtet.

Was sind die Besonderheiten traditioneller schriftlicher Kommunikation?
Da bei der traditionellen schriftlichen Kommunikation die Gesprächspartner räumlich voneinand er getrennt sind, eine Äußerung also

zu einem bestimmten Zeitpunkt fixiert und zu einem anderen abgerufen wird, entstehen zwei "halbe" Sprechsituationen bzw. eine zerdehnte Sprechsituation. Weiterhin ist die Verwendung deiktischer Mittel stark eingeschränkt und eine präzise Ausdrucksweise erforderlich, da Verständnisrückfragen durch den Gesprächspartner nur zeitlich verzögert möglich sind.

Was sind Gesprächspartikel?
Unter Gesprächspartikeln versteht man Partikel ohne eigentliche Bedeutung, die in einem Gespräch benutzt werden, um Pausen zu überbrücken oder dem Gesprächspartner bzw. der Gesprächspartnerin eine Information darüber zu geben, ob und wie eine Äußerung aufgenommen worden ist. Bsp. "ähm", "aha"

Was sind deiktische Ausdrücke?
Deiktische Ausdrücke beziehen sich auf Personen, Orte, Zeiten im Kontext einer Sprechsituation. Bsp:. "ich", "du", "hier", "dort", "da", "dann".

Was ist Parlando?
Es gibt keine feste Korrelation zwischen medialer und konzeptioneller Mündlichkeit bzw. Schriftlichkeit. In diesem Zusammenhang steht ein neues Phänomen, entdeckt bei Schweizer Abiturienten, welches sich durch konzeptionelle Mündlichkeit in schriftlichen Texten äußert. Dieses Phänomen wird als Parlando bezeichnet.

1.2.   Einsicht in unser Schriftsystem
logographisch   vs   phonographisch
1 + 1   *vs*   *eins plus eins*

Piktogramm
Ohne Erklärung zu verstehen

Ideogramm
Zusatzinformation ist nötig

Logogramm
Erklärung ist nötig

Text: Hans-Werner-Hunk:
Schrifterwerb und
Rechtschreibunterricht

Unsere Schrift unterzeichnet sich am meisten von der Chinesischen Schrift, da diese eine Logografische Schrift ist.

Beim Schreiben ist in der Regel der Adressat und beim Lesen in der Regel der Schreiber nicht anwesend!

1 http://eshop.layer-grosshandel.de/cache/customer/layer/picturecache/pb/bb/15744-180x180.jpg
2 http://www.wolkdirekt.com/images/100/215066/hinweisschild-zur-betriebskennzeichnung-rauchen-verboten.jpg
3 http://up.picr.de/3101505.gif

1.3. Präsentieren (Mündlichkeit)
Schülerinnen und Schülern fehlt das präsentieren schwer und überfordert Kinder!

Beispiele für Arbeitsschritte beim mündlichen Präsentieren?
- Informationen zusammen stellen z.B aus Fachliteratur, Internet.
- Erstellen einer Sprechvorlage, aus Stichwörtern, Visualisierungen usw.
- Sprachliche, sprecherische, nonverbale und mediale Gestaltung der mündlichen Präsentation.

1.4. Schreibprozesse
Plot = zweiseitige Inhaltsangabe

Text: Anne Berkemeier:
SchülerInnen präsentieren

1.4.1. Schreibprozessforschung
Sammlung ... Planung.. Schreibprozess ... Überarbeitung ... Feedback ...
Bewertung

Inhaltsplanung   Gliederung
Schreibplanung   Wie fange ich an?
Handlungsplanung Was für ein Ton schlage ich an?

Sammlung   innere
Wie bringe ich mich in Stimmung?
                  äußere Recherche

Überarbeitung einräumen

Bewerten
(Textkollektion,
Kriterienkatalog,
Mehrfachbewertung)

Bearbeitungsprozesse
sollten in die Benotung
miteinbezogen werden!!!

Fragen zu dem Text Graefen, Gabriele/Liedke, Martina (2008) Germanistische Sprachwissenschaft. Deutsch als Erst-, Zweit- oder Fremdsprache

Was bedeutet im Zusammenhang mit Schreibunterricht "Schülerorientierung"?
Schülerorientierung:
differenzierter Unterricht, nach der Heterogenität der Lerngruppe orientiert --> Themen sind an die Schüler angepasst bzw. Schüler interessieren sich für ausgesuchte Themen
Individualisierung: jeder Schüler bekommt ganz persönliche Unterstützung und man setzt unterschiedliche Schwerpunkte◊ Gruppenarbeit, in der jeder Schüler individuell durch Lehrer gefördert wird

Was versteht man unter "prozessorientiertem" Schreibunterricht? Und was bedeutet, "integrativ"?
Welche Kompetenzen werden einem Schreibenden abverlangt?
Kompetenz: Kognitive Fähigkeit
Wahrnehmungsfähigkeit
Aufmerksamkeit
Interesse an den Dingen, die uns umgeben
Erkennen, Deuten und Durchdringen von Sachverhalten und logischen Strukturen
Wissen organisieren und Argumentation aufbauen können

Kompetenz: Kommunikationsfähigkeit
eine Vorstellung von seinem Kommunikationspartner und dessen Erwartungen haben
sich in diesen hineinversetzen und seine Perspektive übernehmen können

4

Literale Kompetenzen:

Fertigkeiten im Umgang mit dem Schreibmedium kennen

Textmuster kennen

Schreibabsicht muss klar sein!

Schreibziele und damit die Textfunktion festlegen können

Kenntnis und Berücksichtigung angemessener sprachlicher Mittel erforderlich

Schreiber muss in der Lage sein, seinen Text auf sprachsystematischer Ebene formal, grammatikalisch und orthographisch richtig zu schreiben

Methodenkompetenz:

Arbeitstechniken und –strategien (Suchen, Nachschlagen, Zusammentragen und Auswerten von Informationen

Metakognitive Kompetenzen:

eigene Arbeits-, Lern- und Schreibprozesse reflektieren und eigenes Wissen und eigene Fähigkeiten einschätzen können eigene Schreibleistung kritisch betrachten und bewerten können Verbesserungsvorschläge entwickeln, von anderen aufnehmen und umsetzen können Schreiber setzt sich mit seinen eigenen Fähigkeiten auseinander und weiß wo Lernbedarf besteht.

Was versteht man unter "Sammlung" und "Planung" im ´Zusammenhang mit Schreibprozessen? Geben Sie auch konkrete methodische Beispiele!

Sammelphase: eigenes Vorwissen aktivieren

hilfreich: Visualisierungs- und Kreativitätstechniken

--> unterstützen den Prozess der Ideenfindung & fördern die Gliederung des Themas

Bsp.: Brainstorming, Assoziogramm, Clustering, Mindmapping

wichtig: Gelesenes festhalten (Flussdiagramm, Organigramm, Mindmap…)

Was versteht man unter einer Schreibkonferenz? Sehen Sie mögliche Schwächen dieses Konzepts?

Eine kleine Gruppe von Schülern gibt sich wechselseitig Rückmeldungen (bzw. Hinweise) zu ihren geschriebenen Texten als Hilfe für die Überarbeitung. Es geht in erster Linie um die Wirkung des Textes, seinen Stil und seinen Inhalt. Dies ist sinnvoll, da Schüler eher in die Lage sind, Probleme und Ungereimtheiten in fremden Texten zu erkennen.

PROBLEM: Die Mündlichkeit in der die SuS über den Textsprechen!

Was ist ein Kriterienkatalog zur Beurteilung von Schülertexten?

Ein Kriterienkatalog dient als Orientierungshilfe für Schüler sowie Lehrende zur Beurteilung von Texten und beinhaltet die Anforderungen, die einen gelungenen Text der jeweiligen Textsorte ausmachen. Beurteilt werden dabei Bezugsgrößen wie zum Beispiel Thema und Idee des Textes, sowie dessen Aufbau, Rechtschreibung und Satzstrukturen, Wortschatz, Angemessenheit der Sprache und Stilmittel, usw.

Was könnte an einem Kriterienkatalog - ungeachtet dessen, dass er im Text sehr gut weg kommt - dennoch problematisch sein?

Schreiben beziehungsweise das Erfinden von Geschichten lässt sich nur bis zu einem gewissen Grad reglementieren. Die größte Literatur ist als Ausbruch aus Zwängen entstanden. (Ein Gedicht muss sich seit einigen Jahrzehnten nicht mehr reimen)

2. Die deutsche Orthographie Rechtschreibung

Anfang des 20 Jahrhunderts wurde die gesetzliche Orthographie eingeführt

2.1. Phonetik und Phonologie

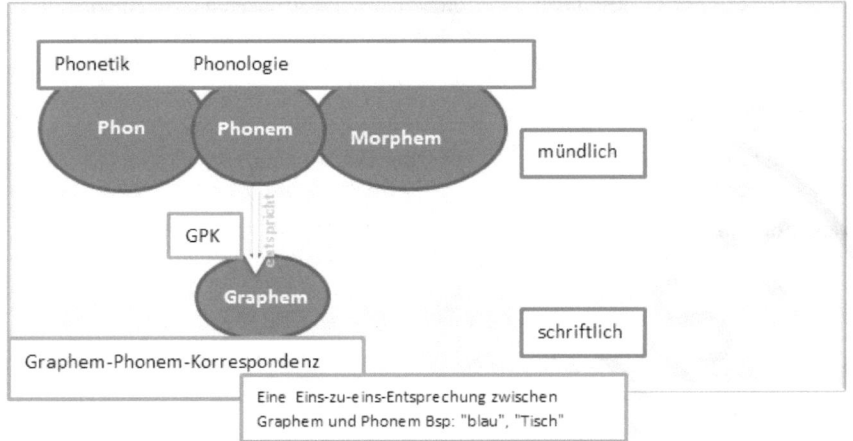

Phon Die Menge aller Laute, die gebildet werden können!

Phonem Die Menge der Laute, die gebraucht werden um eine Sprache zu sprechen!

„Die kleinste bedeutungsunterscheidende Einheit der gesprochenen Sprache"

Morphem „Kleinste bedeutungstragende Einheit"

Graphem „Die kleinste bedeutungsunterscheidende Einheit der geschriebenen Sprache"

IPA Schreibweiße

Riese [Riːzə]   Tör   [tyː● a code R]
Heft [hɛft]   Wand   [vant]
Reihe [Raiə]   Spitze   [ʃbitsə]
Ding [dɪŋ]   Becher   [bɛɕɒ]
von [fɔn]   schreiben   [ʃRaibən]

Zu den phonographischen Schriften zählen alle Alphabethischen und syllabischen Schriften!

Was sind Allophone, speziell freie Allophone?

Allophone sind Varianten von Phonemen, die keine phonologische

Relevanz haben, da sie nicht bedeutungsunterscheiden sind. Freie Allophone sind treten unabhängig von der Lautumgebung auf. Das Phonem wird nach regionaler Herkunft unterschiedlich Betont

Womit haben die Schüler häufig phonetische Probleme?
Was sind Plosive?
Laute, die mit einem Verschluss (Plosiv) , gebildet werden, z.B. [p]

Was ist ein Sprossvokal?
„Der Vokal aus der mittleren Reihe") ist eine Methode, um durch Änderung der Silbenstruktur die Aussprache zu erleichtern. Dies geschieht in diesem Falle durch Silben bildenden Einschub eines Selbstlautes, besonders vor l, m und r.

Text: Busch, Albert/Stenschke, Oliver (2007) Germanistische Linguistik. Eine Einführung

2.2. Morphologie

Ein Teilgebiet der Grammatik. Die Morphologie befasst sich mit der inneren Struktur von Wörtern und widmet sich der Erforschung der kleinsten bedeutungs- und/oder funktionstragenden Elemente einer Sprache, der Morpheme

2.2.1. Das Morphem

„Kleinste bedeutungtragende Einheit"

1. **Kern-/Lexikalisches Morphem**
   - Morphem, das eine lexikalische Bedeutung trägt und nicht nur eine grammatische Funktion wahrnimmt
   - Gibt einen Inhalt, Sinn wieder! Kinder = Unausgewachsener Mensch
   - Die Vorsilben un-, zer- sind Negationen, somit immer lexikalische Morpheme!
2. **Grammatisches Morphem**
   - Morphem, das eine grammatische Bedeutung hat (und keine lexikalische)
   - Kasus, Numerus, etc.

3. **Freies Morphem**
   - Morphem, das als selbständiges Wort vorkommt.
   - {Hut}, {Tisch}, {für}, {der}
4. **Gebundenes Morphem**
   - Morphem, das nicht als selbständiges Wort, sondern immer nur als Wortteil vorkommt

5. **Derivations Morphem**
   - ein grammatisches Morphem, das der Ableitung (Derivation) eines Wortes dient
   - Wortbildung {taug}{lich}
   - Ver-, er-

6. **Präfingierung Präfix**

- Steht vor dem Wort und verändert es

7. **Fugenelemente**
   - *Das „s" in „Arbeitsamt" ist ein Fugenelement.*
8. **Unikale Morpheme**
   - {<u>Him</u>}{beere}
   - {Schorn}{stein}

2.2.2. Deutsch „flektiert"!
D. h. Wörter und Morpheme ändern sich

- Mann *Manner -> Männer
- LehrerLehrer   ← *Null-Morphem*
- Kalt   kälter
- Gut   besser

2.2.3. Wie setzen wir unsere Wörter zusammen?

1. **Komposition**
   - Eis – Kunst – Lauf
2. **Ableitung**
   - taugen   tauglich
   - enden   endlich
3. **Konversion**
   - arbeiten   das Arbeiten
   - schmuck   der Schmuck
4. **Kürzung**
   - Auto
   - LKW
5. **Kontamination**
   - Tragik + Komik   Tragikkomik

2.3. Graphematik
Unter Graphemik versteht man die Untersuchung der Schriftsysteme natürlicher und konstruierter Sprachen.

- Phonographisches / Phonologisches Prinzip
  - Phonem-Graphem Korrespondenz PGK
    - [f]   <f> <v>   Ein Phonem hat mehrere Grapheme
- Silbisches Prinzip
  - Vermeidung von komplexen Silben
    - *Schtreit -> Streit
    - *Liebe -> Liebe
    - *waschschen ->waschen
  - Silbeninitiales h

8

- se ‿h‿ en   Information über Silbenstruktur
  - o Silbengelenk
    - Mut ter   !! ~~Ab bitte~~ (Kompositum)!!
  - o Dehnungs-h̃
    - vor l,m,n,r
- Morphologisches Prinzip
  - o Wortverwandtschaften

3.   Semantik – Die Lehre der Bedeutung

Was ist ein Wort? Wortarten
Relativ junge Entwicklung, denn früher wurde ohne Leerstellen geschrieben!
Lexem = Wort

I. Kognitive *zugewiesen werden*	*Nur bekannten Wörtern kann eine Bedeutung*
II. Konventionelle *Bedeutung des Wortes*	*Die Sprachgemeinschaft einigt sich auf die*
III. Kontextabhängige	*Die Bedeutung wird durch den Kontext verändert*
IV. Kooperative	*Wir müssen uns darauf einlassen*
V. kodifizierte Semantik	*offizielle Bedeutung*

3.1.   Wortbildungen
Usuell
gebräuchlich, üblich, landläufig
in den festen Wortschatz eingegangene Bildungen

Okkasionell
gelegentlich [vorkommend], Gelegenheits…
spontan entstandene, kontextabhängige Gelegenheitsbildungen; Bedeutung aus den
Bestandteilen herleitbar

3.2.   Bedeutung
denotative Bedeutung:
„die reine Wortbedeutung"
begrifflicher Gehalt (Kern) der Bedeutung einer lexikalischen Einheit

konnotative Bedeutung:
„die Weiterführende Wortbedeutung"
an die denotative Bedeutung angelagertes Wissen über die usuellen
(konventionellen) kommunikativen Rahmenbedingungen der Verwendung einer
lexikalischen Einheit

Beispiel: Führer = Bergführer, etc. ; in Deutschland Führer = Hitler

Syntaktisches Wort

Ändert sich die Syntaktische Bedeutung

Lexikalisches Wort
Reine Bedeutung

Der Mann hilft dem Mann
2x Syntaktisch(Substantiv, Objekt) 1x lexikalisch

4.   Schrifterwerb
4.1.   Stufen des Schrifterwerbs
Valentin (2000) schlägt für den Schrifterwerb folgende sieben Stufen vor:

Synthetisch Verfahren Laute/ Lautzeichen lernen   −
Analytische s Verfahren Einprägen von Wortbildern *„jeder Gegenstand hat ein Bild"* H|and W|and
Sprach-erfahrungs-ansatz

Stufe 0: Kritzelstufe
(Kritzeln mit Schreibbewegungen ohne Einsicht in Funktion und Struktur der Alphabetschrift, zB /\/\/\/\/\/\/\)

Stufe 1: Malen willkürlicher Buchstabenfolgen
(Buchstabenfolgen werden zwar wiedergegeben aber willkürlich verwendet. Bsp: Abmalen des eigenen Namens)

Stufe 2: Vorphonetisches Niveau
(einzelne Laute werden bereits verschriftet, andere Buchstaben sind aber noch willkürlich und Wortgrenzen werden oft nicht markiert, z.B EHFL - Ich habe [ein] Fahrrad)

Stufe 3: Halbphonetisches Niveau
(Die Schreibungen orientieren sich an der Lautebene, sind aber unvollständig bzw. "skelettartig", z.B FT - Fahrrad)

Stufe 4: Phonetische Strategie
(Kinder orientieren phonetisch und analysieren manchmal sehr genau bzw. "hyperkorrekt", z.B AIN MARINKEFA MIT GELBN PUNGKTN)

Stufe 5: Erste Verwendung orthografischer Muster
(Phonographische Schreibungen werden durch orthographische Elemente ergänzt, z.B Mattematik, lehgen)

Stufe 6: Orthographische Verschriftungen

4.2.   Phonologische Bewusstheit
Fähigkeit sich auf die Lautstruktur von Wörtern zu konzentrieren

Im weiteren Sinne (*vor der Schule*)   Reime,   Silben,
Wörtlängen erkenne
Phonologische Bewusstheit

Im engeren Sinne (*durch die Schule*)   H-a-m-s-t-e-r

Übergeneralisierung

Ver-binden

        -> „ich bin *vertig"

Ver-gessen

Eine gezielte Förderung phonologischer Bewusstheit führt zu verbesserten Lese- und Rechtschreibleistungen

4.3.   Rechtschreibunterricht / Wortschatzerwerb

Wortschatzorientierter RU   *Grundwortschatz*
Festlegung eines Wortschatzes wird festgelegt und dann erlernt/ vermittelt

Strategieorientierter RU
Herleitungswege der Rechtschreibung werden aufgezeigt
z.B. Die Pluralbildung bei Endungsprobleme

Regelorientierter RU
Nur die grammatischen Regeln werden gelernt, was jedoch keine Garantie für richtige Anwendung

Robuster Wortschatz
1. Der gehalten wird
2. Domänenunspezifisch Wortschatz
3. Kein Fachwortschatz
4. !! Der sich stark am Schriftsprachgebrauch orientiert

Erläutern Sie den grundwortschatzorientierten, den Phänomen- und regelorientierten und strategieorientierten Ansatz im Rechtschreibunterricht!

5. Grammatik – Die Sprachlehre

Beschreibung der Struktur einer Sprache als Teil der Sprachwissenschaft;
Einer Sprache zugrunde liegendes Regelsystem.

> Interne Grammatik

	Normative	Grobe Gr.; „Wenn du es so machst kommst du gut durch"

> Externe Grammatik

	Deskriptive	Sehr Präzise, mit allen Sonderfällen, syntaktische Funktionen

Numeral	eins,zwei,…	
Vs.		„Ich brauche noch eine Stunde ; einen Moment"
Artikel	ein, eine, ein,…	

5.1. Der Grammatikunterricht

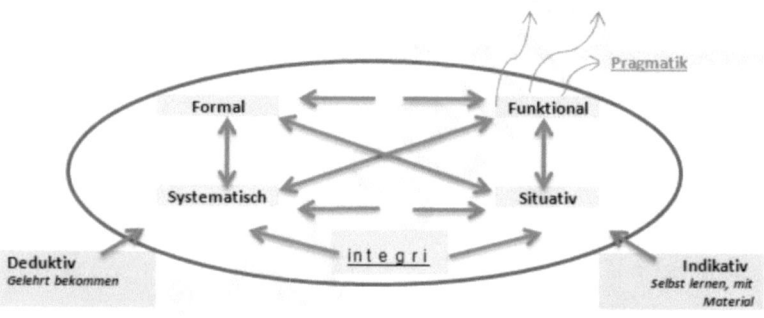

Funktional Formal	Sprache in der Funktion, „Funktionaler unterschied der Vergangenheit" Erläuterung einer Regel, die genau so gemacht wird, „Formal ist der Befehl ein Imparativ"
Pragmatik	*Wissenschaft vom Sprachlichen Handeln* *Wie überzeugen wir Andere im Gespräch?*
Situativ Systematisch Integriert	Eingehen auf Situation, die spontan im Unterricht auftreten Durchgeplant von A bis Z, in einem Schuljahr, oder über mehrere Klassen (Fiktive) Situation schaffen, um Bezug herzustellen

5.1.1. Beispiele

Induktiv + Integriert + Formal

Wie funktionieren Bewerbungen? SuS sollen es online herausfinden!

Induktiv + Systematisch + Formal

……

Deduktiv + Systematisch + Formal   *Am besten geeignet für Immigranten*

……

> Text: Regina Wieland –
> Sprach- und Medien-Didaktik

6. Sprachreflexion

„Mit dem Terminus Sprachreflexion wird also ein Handeln bezeichnet das sich auf Sprache bezeiht und in dem Über Sprache oder einzelne ihrer Teilaspekte nachgedacht wird"

6.1. Sprache reflektieren

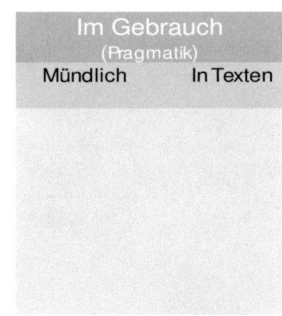

Grammatisch	Semantisch	Im Gebrauch (Pragmatik)	
		Mündlich	In Texten
-Wortart*	-Bedeutung		
-Wortbildung	-Mehrdeutigkeit		
-Satzteil*			
-Satzart*			
-Komplexe Texte			
- Textkohäsion / - kohärenz			

*In der Schule behandelt

Text: Riegler - Ein Nachdenken über den Sprachunterricht

Zugänge
Sprachwandel, Mehrsprachigkeit, Fehler der Schüler, didaktische Fehler, Clinzsche Proben, anderes systematisches Arbeiten, Literatur, Sprachphilosophie

Textkohäsion
Die Verbindung von zwei Texten, durch Verknüpfung der Inhalte auf der Sprachoberfläche.

Textkohärenz
Die Verknüpfung von zwei Texten, durch Verknüpfung der Inhalte durch Tiefenlogik, hierzu bedarf es Weltwissen; kulturabhängig.

Pragmatische Sprachreflexion
Untersucht die Sprach in ihrem Alltagsgebrauch